SECRETOS SEO PARA EL 2020

DESCUBRE LAS ESTRATEGIAS AVANZADAS DE OPTIMIZACIÓN DE MOTORES DE BÚSQUEDA PARA MARKETING EN INTERNET INCREÍBLEMENTE RENTABLES. LA GUÍA #1 PARA "GANAR DINERO EN LÍNEA" PARA INGRESOS PASIVOS A TRAVÉS DEL MARKETING DE AFILIADOS - PARA VENDEDORES PRINCIPIANTES Y AVANZADOS.

PABLO AVITIA

ÍNDICE

Introducción   V

1. ¿Qué es SEO?   1
2. ¿Cómo funciona Google?   9
3. Optimización de web o blog   15
4. Contenido SEO   35
5. Consejos claves para mantener el SEO   47
6. Herramientas SEO gratuitas   57

Conclusión   67

INTRODUCCIÓN

El SEO es clave en las estrategias que se implementan para lograr posicionarse en línea.

Cada acción que se pone en marcha aumenta las probabilidades de tener más visibilidad en el sitio web, logrando mantenerlo más alto que la competencia. Así aumenta la visibilidad, el tráfico, la tasa de conversión y el retorno de inversión.

A la hora de hacer cualquier estrategia con una página web, el SEO es primordial para que pueda lograr un buen posicionamiento, esto lo consigue por medio del uso de estrategias y herramientas profesionales utilizadas para mejorar todos los aspectos de las páginas web, ayudan a obtener una mejor puntuación en los motores de búsqueda, esto genera más tráfico hacía el sitio y al final se cierran más negocios.

Debido a la amplia gama de herramientas que existen, se preparó este trabajo que es una guía para principiantes, ideal para quienes no han escuchado nunca qué es eso del SEO pero que tienen el deseo de aprender.

Si este es tu caso, aquí conocerás todo lo básico que necesitas saber para entrar en el mundo de la optimización de los contenidos.

¿QUÉ ES SEO?

*P*ara empezar toca preguntarse inicialmente qué es el SEO, esta es la abreviatura de (Search Engine Optimization) o en español: Optimización en Motores de Búsqueda.

Se basa en lograr aumentar la visibilidad de una página web, para que logre una mejor posición en los buscadores. Se conoce al SEO como las acciones que se toman para mejorar el posicionamiento y la optimización de un sitio web.

La finalidad es la de aparecer en las posiciones más altas posibles de los resultados de las búsquedas orgánicas para una o más palabras concretas o llamadas palabras clave que más adelante explicaremos mejor. Esto deja como resultado que al final se aumente el tráfico de visitas.

Este término es usado para referirse a las personas que hacen el trabajo de posicionar sitios. Era tradición que las personas que trabajaban en el SEO fueran programadores, diseñadores web y similares, pero con las nuevas tendencias se ha hecho importante que todos los que tengan un sitio web conozcan sobre posicionamiento para que logren colocar por sí mismos sus sitios en el primer lugar.

El SEO es un trabajo que se hace con trabajo constante, no se logra de la noche a la mañana, los resultados a veces pueden tardar meses en lograrse, el número de palabras que se pueden posicionar es limitado y depende del número de páginas de las que tiene la página web. Por eso es que las palabras clave toca revisarlas previamente.

En cualquier caso, hay que revisar la posición que van a tener las palabras clave en un lapso de tiempo, ya que en el posicionamiento SEO suceden muchas variables que no se pueden controlar, por ejemplo los cambios en los algoritmos de indexación de los buscadores.

Hay muchas acciones o tareas para posicionar el sitio web, ellas se dividen en:

- SEO On-page: estas se hacen en lo interno de la página.
- SEO Off-page: son las acciones que se hacen fuera de la página web.

¿Qué es el SEO On Page?

El SEO On Page son aquellas acciones SEO que se hacen dentro de una página web para alcanzar su posicionamiento en los motores de búsqueda. Es una acción ideal, que puede ser prácticamente infinita y cuenta con muchísimas estrategias.

Tiene mucho que ver con la analítica, con las acciones de optimización que se hacen, con las pruebas y en general con los procesos para aumentar la experiencia del usuario cuando llega a la web.

El SEO On Page se asocia por lo tanto al SEO Whitehat, al SEO que agrada a Google y no penaliza. Al SEO que consigue resultados que duran en el tiempo y que no hunden el sitio de la noche a la mañana.

Cuando se habla de SEO dentro de una página, se habla de acciones y estrategias seguras que cumplen con las normas de Google y que lo hacen para facilitar las labores del buscador a la hora de posicionar y ordenar los resultados. Esto deja como consecuencia que Google premie al sitio con una buena posición.

Estas es lo que se puede hacer con el SEO On Page:

- Optimizar palabras clave.
- Optimizar la estructura web.
- Optimizar las URLs.
- Optimizar el interlinking.
- Optimizar el código.
- Y un largo etcétera de acciones.

¿Qué es el SEO Off Page?

El SEO Off Page son aquellas acciones que se hacen externo a la página web, las acciones que no pertenecen a la página y que en teoría no se pueden controlar de manera directa por medio del SEO On Page.

Aunque el SEO On Page es esencial para poder lograr una buena base de posicionamiento, gran parte de las acciones incluye el trabajo que se hace con la optimización Off Page.

La calidad y número de los enlaces apuntan a las páginas, los enlaces tienen mucha importancia para conseguir el posicionamiento en el SEO Off Page, el gran objetivo es lograr que otras páginas enlacen con las nuestras.

¿Qué es más efectivo, el SEO On Page, Off Page?

La respuesta es facil: ambas.

El SEO On Page es esencial, pero solo él no garantiza un buen posicionamiento, especialmente cuando se está en un medio con nichos competitivos.

Es entonces que entra el SEO Off Page que ayudará a ganar autoridad y lograr mejores posiciones de búsqueda.

Se pueden encontrar enlaces entrantes o Link Building, aunque es una tarea que puede ser densa, es necesaria para casi toda campaña SEO.

Los enlaces son importantes ya que Google los toma como un voto de confianza.

Cada que se consiga un enlace, se habla de la página en Facebook, Twitter, Google Plus, entre otros, hay que tomar nota de que el contenido es lo bastante bueno para poderse compartir. Pendientes con esto, no todos los enlaces tienen la misma importancia, los que vienen de autoridades reconocidas aportan más posicionamiento que las decenas de enlaces menores.

Se sabe que no es fácil conseguir un enlace de una web de autoridad, Google lo sabe también, por eso la autoridad tiene un papel importante a la hora de valorar los enlaces.

Tipos de Backlinks

Dentro de los tipos de backlinks están los enlaces naturales, orgánicos, son aquellos que se forman de manera natural, cuando otras páginas enlazan la propia por iniciativa propia.

Son más beneficiosas, pero también las más difíciles de obtener.

Están los enlaces artificiales, Link Building que son los que se crean por medio de técnicas, pueden ser de calidad pero no como los orgánicos.

Por su parte, los enlaces orgánicos son más valiosos y por eso son más difíciles de conseguir. La técnica más recomendable para conseguirlos es logrando tener contenido de calidad, que sea útil a los visitantes y que les anime a compartirlos.

Aunque parezca complicado es lo más lógico, cuando se comparte valor a los visitantes aumenta la posibilidad de que estos lo compartan a su vez. Cuidado con esto: no hay que confiar en que te enlacen y compartan porque dicen "que lo vales".

Es algo que no sucede con frecuencia, pero se debe tener la seguridad de colocar técnicas de promoción y distribución de los contenidos para aumentar el deseo de que se comparta el contenido.

2

¿CÓMO FUNCIONA GOOGLE?

Rastreo

El objetivo del rastreo en Google es identificar qué páginas existen en la web. Constantemente se deben buscar páginas nuevas y agregarlas a la lista de páginas que ya se conocen. Este es un proceso que se denomina rastreo.

Ya se conocen algunas páginas que se han rastreado en algún momento, pero otras se consiguen al seguir enlaces de páginas conocidas que las llevan a ellas. También se pueden conseguir páginas con los propietarios de sitios web que facilitan la lista de sus sitios, es decir un SITEMAP, para que se rastree, también es posible que las plataformas de alojamiento web gestionado, como Blogger, solicite el rastreo de páginas nuevas o actualizadas.

Indexación

Luego que se descubra una página se intenta interpretar el contenido, este proceso se llama indexación. Se analiza lo que tiene dentro la página, se cataloga el archivo de imagen y video y se trata de entender. Toda la información se guarda en el índice de Google, una base inmensa de datos que se almacena en muchos ordenadores.

Para mejorar la indexación de la página, se deben seguir estos consejos:

- Crear títulos cortos y que tengan significado.
- Usar encabezados de página que reflejen el tema principal.
- Transmitir el contenido con texto en lugar de imágenes, interpretar algunos videos e imágenes, pero no con la misma facilidad con la que se extiende el texto. Se debe incluir texto alternativo en los videos e imágenes, según corresponda.

Resultados de búsqueda

En cuanto a los resultados de búsqueda, cuando un usuario introduce las consultas, se intenta encontrar la respuesta más pertinente en el índice, en función de muchos factores. Se trata de determinar las respuestas de mayor calidad y se tienen en cuenta muchos aspectos, como la ubicación, el idioma y el dispositivo de los usuarios, sea un móvil o un ordenador.

Por ejemplo, si una persona ubicada en Madrid introduce: "talleres de reparación de motos", va a obtener diferentes resultados a los usuarios que escriban lo mismo desde China.

Para poder mejorar la publicación y el posicionamiento, se deben seguir estos consejos:

- La página tiene que cargar rápido y estar optimizada para móviles.
- Tiene que tener contenido útil y actualizado.

Los sitios web que han pasado por el proceso de rastreo e indexación ya están listas para ser mostradas a los visitantes, ahora se debe ver en qué momento y en qué orden se hace. Para estos casos el motor de búsqueda Google utiliza un algoritmo que se enfoca en las palabras clave y busca un conjunto de páginas de su base de datos que tenga información que coincida con ellas, a continuación muestra las páginas ordenadas en un orden de relevancia.

El funcionamiento del algoritmo de Google no se conoce con certeza, pero por medio de directrices dadas por la propia página y de pruebas que se han hecho por múltiples agencias de SEO y profesionales, se sabe que además de detectar la relevancia por medio de las keyword, también se fija en más de 200 factores, los llamados ranking factors, así ordena los resultados. Por eso es que para poder llegar a los primeros lugares es clave tener palabras acordes con la temática que se quiere rankear.

Finalmente se recomienda que a la hora de crear contenido para el blog, no se copie el texto de otros sitios web, lo que puede pasar si se hace esto, es que Google deje de indexar y en su lugar muestre la fuente original de donde se ha tomado el contenido, en cualquier caso es que si se quiere copiar contenido de otro sitio lo mejor es que se sea honesto con Google y se marque como NOINDEX, colocando también la URL de la fuente original de donde se tomó la información.

Es importante conocer los procesos para entender

en detalle por qué Google muestra unas páginas y no otras en los resultados de las búsquedas, así va a ser más fácil seguir el razonamiento de este motor de búsqueda al momento de aplicar la optimización y las prácticas SEO en cualquier sitio web.

3

OPTIMIZACIÓN DE WEB O BLOG

URLs amigables

Vamos a hablar ahora de las URLs amigables, si ya se tiene una página en la gran red, es bueno saber optimizar las URLs, esto es clave en las estrategias SEO.

Esto es la optimización para los motores de búsqueda, se traduce en una mezcla de buenas técnicas para mejorar el sitio o el blog.

No hace falta decir el significado que tiene garantizar autoridad y visibilidad para el negocio o la web que se ponga y que esta sea fácilmente ubicable.

Para ello se tiene que comprender cómo es que se

desarrollan las URLs y el buen uso de ellas en el marketing digital.

Primero: qué es una URL:

Antes de empezar, el término URL procede el inglés (Uniform Resource Locator), que en español se conoce como Localizador Uniforme de Recursos. Esta es una denominación estándar y sirve para darle nombre a los recursos en el internet.

Una manera más clara de entenderla, es la dirección que está escrita en la caja de texto de la barra de navegador que se utiliza, se ve arriba en una página web desde un ordenador, así como en los dispositivos móviles.

Este es uno de los principales puntos de información para una página en los buscadores de Google y los usuarios. Lo hace para mostrar información relevante.

Lo recomendable para poder posicionar un sitio es que se usen direcciones amigables, y que en el título estén incluidas las palabras clave para poder obtener mejores resultados.

Un ejemplo de una URL amigable:

http://libros.sobreseo.com/categoria/detalle-del-producto#promo

- http:// es el protocolo
- libros es el subdominio.
- sobreseo es el dominio.
- com es el Top Level Domain.
- categoria son las subcarpetas.
- detalle-del-producto es la página.
- #promo es la etiqueta.

Protocolo

Hay dos tipos:

El más usado que es el http, la mayoría de las páginas se rigen por él.

https es más conocido como protocolo de seguridad, se usa para proteger datos personales y datos en las tarjetas de crédito de los usuarios.

Subdominio

El subdominio depende del dominio principal.

Dominio

El dominio es el nivel principal de una web.

Top Level Domain

Es una extensión que sigue luego del dominio.

Subcarpetas

Son carpetas que están dentro de un dominio o subdominio.

Página

Es donde está el contenido final.

#TOP

Es usado para presentar diversas opciones en una misma página.

Cuando se habla de ranking para SEO las 4 categorías clave son:

- El dominio.
- El subdominio.
- Las subcarpetas.
- La página.

Optimizar URLs para SEO

Para lograr un buen posicionamiento en la web, se tiene que trabajar en optimizar las URLs para SEO.

Hay que hacer uso de las palabras clave. Estas son las encargadas del trabajo de posicionamiento y de la optimización de los sitios, se deben usar tanto en la página como en la URL.

No se deben usar letras mayúsculas, lo mejor es ser simple, la URL amigable es fácil de ser recordada por los usuarios.

Hay que recordar que menos es más, se recomienda que la URL sea corta porque así el usuario la comprende mejor y entre más corta mejor será el posicionamiento en los motores de búsqueda.

Se pueden usar guiones para separar palabras en la URL, esto facilita que los motores comprendan y consecuentemente mejoren la relevancia de las páginas en los resultados de búsqueda.

Lo mejor es usar palabras en vez de números, los usuarios no buscan con números los resultados en el buscador, lo hacen con letras, las palabras son más fuertes y sustituyen los caracteres especiales, la legibilidad es la mejor arma que se puede tener.

Se puede poner contenido de más autoridad en las carpetas de más nivel, se debe organizar y segmentar el contenido en el sitio, manteniendo una estructura lógica de las URLs para que demuestre la importancia en la web.

Se debe comprender que cuando hay menos directores en una URL es mejor, es decir entre más cercano está de la página, mayor será la relevancia que tenga.

Se pueden usar URLs canónicos, es bueno para que se eviten los contenidos duplicados, esto ocurre normalmente cuando una página tiene más de una URL.

Para evitar contratiempos es importante hacer cosas como:

- Añadir un canonical tag en todas las versiones de la URL, dejando claro la que es la principal.
- Se debe elegir el subdominio, es el principal sea no www o www.
- Además de todo esto, hacer una redirección en el servidor para que solo haya una página presentada a los usuarios.

Caracteres extraños NO, la preferencia es siempre que se usen letras, nada de acentos gráficos o signos de puntuación, en este caso se habla de optimización para los motores de búsqueda, se tiene que ser simple y claro, es la mejor manera de ayudar al usuario a memorizar la página y tener un buen posicionamiento en Google.

Se pueden usar URLs mobile friendly, todas las personas que trabajan en el mercado digital saben que actualmente la mayoría de personas usan mucho los móviles y nada más justo que hacer sitios webs que tengan una buena relación con estos dispositivos. Una página responsiva tiene mejor posicionamiento cuando el usuario busca por medio de un teléfono móvil.

No hay que olvidar que la URL es uno de los elementos más importantes para los motores, hay que concentrarse en estar al tanto de las actualizaciones y alteraciones de los algoritmos de búsqueda. Es la manera para ayudarse a no perder la relevancia y mantenerse posicionado.

También hay que pensar primero en el usuario que va a visitar el sitio web y luego en el robot de búsqueda.

Títulos

El título y la descripción de un documento web no solo representa la carta de presentación ante los usuarios cuando estos hacen una búsqueda en el navegador, sino que además la información que tiene es clave para el posicionamiento web.

Por eso es que es importante saber optimizar los títulos de una web, esto es una tarea estrategia dentro del SEO.

El objetivo es que los buscadores ofrezcan resultados acordes a la búsqueda que el usuario ha hecho. Para ello comprueban que los términos de las palabras clave por los que el usuario hace la búsqueda estén en un sitio web y en qué partes del documento están, siendo el título uno de los más importantes.

Además de esto, es dónde se ubican los títulos estos aparecen reflejados en las etiquetas llamadas <title> de la cabecera del documento HTML.

Estas son unas recomendaciones que se deben tener en cuenta a la hora de optimizar un título:

No debería superar los 70 caracteres, incluyendo los espacios en blanco, es importante intentar que el usuario pueda leer el título completo sin frases cortadas ni puntos suspensivos.

Cuando el buscador detecta que el título superó la

longitud máxima truncará parte de la información y solo saldrán los caracteres permitidos.

Los títulos tienen que ser únicos, ya que cada documento de la web es diferente y por lo tanto no dice lo mismo que los demás. Hay que evitar los títulos con palabras sueltas y repetidas que no tengan sentido, o separadas por comas, algo así: "cafetería, té, italiano, panes, café, España, económico".

Se tienen que redactar títulos que tengan frases lógicas que incluyan términos clave que hayan sido asignados en el documento, por ejemplo: "Cafetería económica en España con los mejores panes de la ciudad".

El título tiene que ser directo y fácil de leer. Los títulos tienen que ser intuitivos de manera que el usuario pueda hacerse a la idea de lo que quiere conseguir en la web.

Hay que evitar escribir con errores ortográficos y palabras mal escritas o con abreviaturas ya que la impresión que esto puede causar en el usuario puede ser negativa e incidir en la visitas de la web.

El título tiene que ser lo más atractivo posible, que llame la atención del usuario, pero es clave que no se le confunda, hay que ofrecerle algo para que no abandone la visita o peor aún, que no vuelva nunca más.

Hay que analizar el perfil de los usuarios potenciales que pueden visitar el sitio web, con el fin de adaptar los títulos a las características y lograr por lo tanto llamar su atención.

La optimización de las descripciones

Las descripciones no afectan el posicionamiento de la web en los buscadores, pero si pueden influir de manera decisiva en la actitud del usuario ante los resultados que le ofrece el buscador.

Tener una buena descripción aumenta el número de clics que hacen los usuarios en el documento, esto beneficia el posicionamiento, pero cuando se tiene una mala descripción puede perder muchas visitas, trayendo grandes consecuencias para el sitio web. Tanto a la hora de mejorar el posicionamiento como de evitar la pérdida de usuarios nuevos o clientes potenciales, por eso es que se tienen que mejorar las descripciones.

En los documentos HTML, hay una meta etiqueta donde se hace la descripción del documento, igual sucede con los títulos, esta meta etiqueta se ubica en la cabecera del documento HTML.

Estos son algunos consejos para optimizar las descripciones:

Debe tener como máximo 150 o 160 caracteres con espacios incluidos. Sucede igual que con los títulos, si la descripción es demasiado larga el buscador va a ocultar parte de ella e impedirá que el usuario pueda leer cómodamente la información.

Deben ser únicas para cada documento del sitio web.

La información que contenga tiene que ser una ampliación de lo que ofrece el título.

Siempre que se pueda sin que sea forzado, debe aparecer la descripción de los términos clave usados en el documento.

Es importante que se preste atención a los títulos y las descripciones de cada uno de los documentos que componen la web, la revisión y la optimización marca la diferencia respecto a la competencia y la mejora en el posicionamiento.

Descripciones

Ya abordamos brevemente las descripciones en el punto anterior, pero ahora profundicemos un poco más. La etiqueta meta descripción es un factor importante a la hora de lograr tener visitas en un sitio web.

Es la información que aparece en los resultados de Google y que explica lo que se va a encontrar la persona cuando haga clic.

La meta descripción es el espacio que ofrece Google para captar la atención del usuario y poder diferenciarse del resto de los resultados, es decir de la competencia.

La etiqueta tiene que ser atractiva, relevante y que cumpla con una serie de pautas.

Las meta etiquetas o meta tags son las piezas de información que se usan normalmente para describir el contenido de la página a los buscadores.

El metatítulo y la meta descripción son dos metatags claves.

Cuando se apuesta por el SEO en la web o se piensa hacer, se sabe ya que lo complejo es aparecer en los primeros resultados de Google. Una vez que se logra tener este lugar toca trabajar para que se sea un imán de clics.

Este tiene que ser el objetivo, que el texto sea atractivo en la meta descripción para que pueda atraer visitas a la web.

No se puede desperdiciar la oportunidad con unos textos que no tengan el valor. Tampoco se puede dejar al usuario indiferente, hay que despertarle la curiosidad para que quiera saber más y que dé el clic que tanto ansia cada dueño de sitio web.

Un sitio web que sea sugerente y responda a esa necesidad que está buscando el usuario tiene más probabilidades de ser clicada. En cambio una que sea escueta será ignorada de inmediato.

La idea es lograr convertirse en el mejor resultado posible, que se incite a que den clic, ser la mejor opción por medio de un meta título y una meta descripción optimizada y que sea irresistible.

¿Qué diferencia hay entre meta título y meta descripción?

Antes de ver la diferencia vamos a aclarar, ambos aparecen en los resultados de los buscadores, el meta título en primer lugar y le sigue la URL, el meta título es el que sale en azul, es donde se da el clic y lo que sale abajo, el pequeño texto que no llega a las 3 líneas es la meta descripción.

Juntos logran el snippet. Las dos etiquetas son claves pero tienen una gran diferencia.

Por su parte el meta título tiene una sola línea y no debe pasar los setenta caracteres y debería ser de mínimo 45, incluyendo espacios.

La meta descripción debe tener máximo 165, ocupando hasta dos líneas.

Esto lo tiene Google en cuenta, el considera los píxeles antes de los caracteres, para meta descripciones la longitud ideal estaría entre los 430 y 920 píxeles.

A finales del 2017 el buscador hizo una prueba permitiendo meta descripciones más largas incluso de hasta 300 caracteres, pero a los pocos meses regresó a sus 155, ellos siempre experimentan buscando mejores experiencias para los usuarios.

El objetivo es que el meta título se oriente a Google mientras que la meta descripción se oriente a los usuarios. Mientras que el primero es un factor de posicionamiento SEO el otro no lo es directamente.

La meta descripción no es en sí un factor de posicionamiento SEO, pero puede influir en el CTR y el

CTR sí es un factor clave para Google y otros buscadores.

Por lo tanto cuando se mejora esta etiqueta se mejora el CTR y a la vez el posicionamiento de la web.

Finalmente se tiene que pensar siempre en el usuario a la hora de redactar ambas etiquetas, aunque la descripción permita más flexibilidad que el título y al ser más larga y no tener que ceñirse tanto al Seo y las palabras clave, siempre se debe pensar en el SEO y el usuario.

Es en la meta descripción donde se tiene que valer de las armas del copywriting para persuadir al usuario de que se tiene el mejor resultado, de que se merece ese clic por encima de todo.

Ahora que se conoce la importancia de tener una buena meta descripción, toca ponerse manos a la obra con algunos consejos y ejemplos que inspiren.

Estos son algunos consejos para hacer una meta descripción ideal para que inspire el darle clic en el enlace:

Lo primero es que se evite el terminar con puntos suspensivos…

Hay que terminar antes de los 155 caracteres para evitar que el texto se corte en el momento menos oportuno. El mensaje debe calzar en la longitud permitida, hacerlo puede parecer complicado pero solo es cuestión de práctica.

En ocasiones se puede buscar justamente crear expectativa o despertar la curiosidad para que el usuario le dé clic.

Hay que darle una razón al usuario para que le dé clic. Si se quiere ser el elegido, se tiene que captar al usuario hay que llamar su atención: *qué me invita a darle clic, cuál es el premio por entrar, ver si responde a las necesidades que estoy buscando.* Eso busca el usuario.

Hay que ser conciso, persuasivo y tener el toque para poder hacer un buen copy o texto. Ya sea que se ofrezca un producto o un servicio, se vendan artículos o lo que sea bueno para otros, se tiene que ser claro en lo que se ofrece.

Hay que pensar en la descripción del anuncio que se tiene que vender para que entren a ver el contenido.

Etiquetas de encabezado

Las etiquetas de encabezado son elementos que van

en el código HTML del sitio y representan los encabezados de la página. Cada página de sitio tiene que tener el propio conjunto de etiquetas de encabezados.

Se deben usar diferentes etiquetas de encabezados con los títulos, para estructurar la página y dividirla en secciones y subsecciones, los encabezados ayudan a los motores de búsqueda y a los visitantes a entender de qué trata el sitio web.

Estos son algunos consejos que se tienen que tener en cuenta para las etiquetas de encabezados:

Las etiquetas de encabezados tienen una jerarquía descendente que van desde el H1 que es el encabezado 1 hasta el H6 o encabezado 6. Se puede usar para las etiquetas H2 en los títulos de las secciones y el H3 para los subtítulos dentro de estas secciones.

El resto de los estilos se asignan a la etiqueta del párrafo.

Si se desea que una etiqueta de encabezado sea asignada a más de una línea de texto, o se tienen saltos de líneas entre las palabras en el titular, se puede crear con Shift Enter para crear saltos de páginas en vez de solo dar Enter.

Hay que asegurarse de que ningún salto de línea sea vacío, debe asignarse al texto encabezado 1 ya que esto genera una etiqueta H1.

Palabras clave

Las palabras clave son el instrumento esencial en una investigación. Son términos compuestos por una o más palabras, son las formas en la que el usuario escribe sus dudas en los buscadores con el fin de lograr respuestas y solucionar problemas.

Aunque el término sea auto explicativo, no cuesta nada dar detalles de qué son y qué significan, al final esa fue la duda que atrajo al usuario.

Las palabras claves son básicamente los instrumentos de búsqueda. Hay que pensar en todas las búsquedas que se originan de una palabra usada para saciar necesidades en el buscador; las palabras clave pueden definirse como los términos usados por los usuarios para conseguir respuestas y darle solución a sus problemas.

Si se es un profesional del marketing, las palabras claves son los términos que se usan para direccionar a la hora de crear las páginas, los blogs, posts y sitios. Si se está buscando comprar pizzas las palabras que pone el usuario en el buscador pueden ser "dónde comprar pizzas, pizzerías cerca, pizza, pizzas económicas" y una infinidad de opciones, la palabra clave es lo que pone un usuario en la caja de texto del buscador cuando va a buscar algo.

Es definir una palabra clave para una cierta página, eso le pasa el mensaje a Google, donde se le dice que el contenido es de un término en específico. Si todo sale bien y se hizo la correcta selección de palabras clave el contenido será exhibido exactamente a la persona que hizo la búsqueda de aquella palabra clave.

4

CONTENIDO SEO

Importancia del contenido de valor

Hay aspectos que son esenciales en una página web y una de ellas es el contenido de valor, donde se trabaje en crear una estrategia para poder optimizar el sitio.

El contenido de valor es esencial para la supervivencia de cualquier página en la actualidad. La presencia en internet es fundamental porque es el canal de comunicación entre lo que se quiere mostrar y los clientes potenciales. El reto es lograr una estrategia de contenido online que permita crear una conexión con los consumidores a través de diversas plataformas. Esto significa trabajar en el desarrollo de una presencia online diversa para representar la marca e interactuar con los consumidores por toda la red.

Las páginas web pueden recibir un volumen amplio de tráfico, pero en lo que se tienen que centrar es en lo que convierte realmente, que se goce de un contenido que sea claro, atractivo y con relevancia.

Entre más contenido se cree mayor va a ser el número de visitantes y conversiones que llegarán y lo que es más importante también se va a conservar a esos usuarios, se fidelizarán. El establecer relaciones es una base de atraer seguidores que sea cada vez mayor.

No hay una vara mágica que diga cómo se puede hacer contenido pero si hay algunas estrategias que se pueden seguir para lograr generar el mejor contenido, estas son algunas estrategias:

¿Qué tipo de contenido online?

Saber el tipo de contenido es el primer paso, esto se puede saber con un estudio de mercado que va a ayudar a identificar el tipo de contenido que mejor se adapte al mercado objetivo. Si ya se conocen a los clientes se sabe que se debe crear contenido online variado.

Toda comunicación con los visitantes tiene que ser planificada y bien pensada, el público quiere un contenido que sea de calidad, no solo se compite con rivales directos del sector, el contenido online compite con la atención del público objetivo y con el resto de internet. Esta sería la versión digital de sobrevivencia del más fuerte.

Contenido original

El contenido tiene que ser original, este es un ingrediente clave en cualquier estrategia de marketing de contenidos online exitosa. El contenido online único es importante como tener ventaja competitiva en un producto o servicio.

El desarrollo de una marca y el aumento del reconocimiento de un nombre por parte del público más amplio, dependerá de si la empresa destaca o no entre la competencia. Un contenido que sea original es lo que hace que sea especial para un seguidor fiel.

Las imágenes de archivo no emocionan a nadie, al fin y al cabo la gente solo recuerda a los originales. Puede que la imitación sea la forma más sincera de adular, pero en los sitios web, es una estrategia de alguien desesperado que no tiene la imaginación necesaria para hacer cosas originales. Muchos clientes potenciales se sienten decepcionados con un contenido online copiado.

Los tutoriales, las demostraciones, las guías, es lo que los consumidores quieren y esperan en un sitio, es decir un usuario no entra a perder el tiempo en un sitio, él tiene un objetivo y el sitio web se lo tiene que satisfacer.

La creación de contenido con valor en imágenes tipo gift o usar varias herramientas como videos originales de YouTube, es algo muy en boga que tiene buenos resultados.

No olvidar el CAT, llamada a la acción

El cierre perfecto para la publicación es usar un llamado a la acción, en algún momento de la publicación hay que asegurarse de que este mensaje esté intrínseco.

Puede ser una invitación a leer el contenido relacionado, a comprar el producto etc. Terminar con una llamada a la acción requiere de cierta elegancia, donde se incite a que el usuario haga una acción.

Cuando se habla de llamada a la acción es decir "Compra ahora nuestro producto" "Contáctanos para más información" "compra ya".

Estructura SEO de contenido (H1, H2, H3, etc.)

Para optimizar el SEO de un sitio web es clave que se establezca una estructura de contenido con jerarquía que contenga todos los elementos del posicionamiento básico.

Vamos a ir por partes para comprender lo que es esta jerarquización de los encabezados, aprender a hacer textos de calidad, trucos para redactar y mejorar la experiencia del usuario. Esto es clave en los factores de posicionamiento que Google tiene más en cuenta actualmente.

Todas las páginas web tienen que tener los siguientes elementos:

Palabra clave principal

Es la palabra que se quiere posicionar en la página. Hay que buscar y analizar la que sea más adecuada para cada caso. Es la que se debe usar en los elementos SEO del texto básico. En este caso se puede usar de palabra clave principal el "Estructura SEO de contenido", esto es solo un ejemplo.

Palabras clave secundarias

Se tienen que usar palabras clave secundarias para poder ampliar el contenido semántico del artículo.

Para esta sección que estamos trabajando podría ser "estructura SEO para principiantes", "Estructura SEO básico" "organizar SEO para contenido".

Son apenas ejemplos, se tiene que hacer una investigación para ver las palabras clave con más movimiento para usar las acordes a nuestros objetivos. Se deben trabajar sinónimos, otras maneras de cómo el usuario buscaría ese contenido que se está publicando.

Encabezados

Los encabezados le dan jerarquía a las secciones y esto ayuda a posicionarlo mejor, no hay que olvidar que se puede jerarquizar desde el título 1 que es el nombre del artículo hasta el 6, aunque los más usados son el título 2 y 3.

Título 1 es el más importante o H1, este es el título del post y le índica a Google el tema principal del artículo. Es el que optimiza el SEO de las páginas y los artículos. El título debe llevar la palabra clave principal.

Dentro del contenido no puede ir ningún H1, dentro del contenido se comienza por el H2 y cuando estos H2 requieren subtítulos se colocan H3 y si el H3 exige alguna sección de subtítulo se ponen H4.

Se pueden hacer subapartados hasta el H6, pero no es necesario, lo más usado es H2 y H3.

Dentro de los H2 se debería poner por lo menos una vez la palabra clave, también se puede hacer en el H3. Se puede jugar con las variaciones de la palabra clave.

No hay que incluir encabezados con frases sueltas, siempre hay que seguir una coherencia acorde con el encabezado.

Url del post con palabra clave

Se debe usar la palabra clave en la URL del post, no se debe repetir en las categorías o subcarpetas ya que se cometería un error de sobreoptimización.

No hay problema si se usan artículos y preposiciones ya que es natural, pero si la URL del post queda larga se puede eliminar.

Imágenes y vídeos

Como mínimo se debe usar una imagen en los artículos, pero si hay más es mejor. Es un modo de que el artículo sea más atractivo y se aumente el tiempo necesario para poderlo leer.

Se puede incrustar un video que complemente el

texto, Google considera más relevante un post que incluya contenido multimedia

Lenguaje fresco y entendible

¿Cuántas veces no se abandona un artículo porque está escrito en un lenguaje denso y aburrido que no engancha? Es imprescindible que el sitio sea fresco y que se entienda lo que se lea. Independientemente del tipo de contenido que se maneje siempre hay que escribirlo dirigido con frescura para el nicho, se tiene que gozar de un poco de talento para la escritura y eso que llaman el gancho, para atrapar al lector y que quiera seguir leyendo un poco más.

No importa si se habla de medicina o cómo regar plantas, sea el tema que sea el nicho que lo lea tiene que quedarse enganchado y seguir leyendo, por eso se tiene que escribir precisamente para el nicho al que se está enfocado.

Escribe para tu nicho

Un nicho de mercado es un término que se usa para referirse a un segmento del sector en el que los individuos poseen unas características y necesidades particulares y homogéneas. Estas últimas no están del todo cubiertas por la oferta general del mercado.

Los nichos de mercado se caracterizan en reconocer la segmentación y ven una nueva oportunidad para llegar a secciones donde no está satisfecha una necesidad.

Hay que responder estas preguntas:

¿Qué te Gusta?

La primera pregunta que se tiene que hacer a la hora de elegir un nicho de mercado para un blog es ¿Qué te gusta o cuál es tu pasión?

Al intentar sacar adelante un negocio digital por medio de un blog sin que el tema guste o por lo menos llame la atención es una mala idea, ya que al tiempo es posible que se tire.

Aquí es primordial que se tenga realmente la seguridad de lo que apasiona de verdad, ya que en los primeros tiempos del blog se debe escribir bastante para que Google y otros buscadores inicien a ver con buenos ojos el trabajo que se está haciendo.

Se puede hacer un par de artículos a la semana o al menos uno.

¿Qué sabes hacer?

Qué se sabe hacer, esa es la gran pregunta, allí es

donde aguarda lo que se tiene pasión por hacer, lo que harpa con gusto y placer.

Así se podrá elegir un nicho de mercado o temática para el blog y se deberá filtrar la lista de cosas que apasionan y dejar solo aquellas por las que realmente se sabe trabajar.

Se deben seleccionar los puntos de la lista donde se es experto o por lo menos donde se sabe más. Esto quiere decir lo que se tiene como experiencia adquirida.

Un ejemplo: si se trabajó en una empresa entonces se conoce un sector y a sus consumidores, si se es padre entonces se conocen los gustos que tienen las familias y sus necesidades, si se es universitario entonces se tiene un conocimiento adquirido.

El común entre las personas es el conocimiento profundo que se tiene ya sea por estudio o por experiencia propia porque se hizo esa tarea antes.

¿Qué necesitan las personas?

Se debe definir al cliente ideal que es el buyer persona y comenzar a escribir exclusivamente para ese grupo de personas con las necesidades específicas y particulares.

No sirve de nada un blog dedicado a varias temáticas diferentes, hay que enfocar la energía, el tiempo y el esfuerzo en una sola área de este primer minuto de vida del blog.

Para conseguir esto se tiene que especializar en el área sobre lo que se escribe.

Se puede dedicar a una sola temática, pero cuando se empiece a crear el contenido, una vez que se haya inventado la base se podrá unir al equipo con más personas y abordar más temáticas o nichos distintos.

5

CONSEJOS CLAVES PARA MANTENER EL SEO

Mantener el contenido actualizado y relevante

Ahora que se ha podido poner en marcha el blog y se han subido los primeros posts, llega la gran pregunta: ¿con qué frecuencia actualizo el contenido?

Puede suceder que tras la euforia inicial de escribir los primeros artículos se comprenda que el blog ha llegado para quedarse y que dedicarle el tiempo que merece es todo un reto de acuerdo a la agenda que se tiene. Más de la mitad de los blogs que existen mueren porque no se atienden, no duran ni un año.

Ahora bien, ¿cada cuánto se supone que se debe

actualizar el blog? Lo bueno es crear un ritmo donde se publique siendo juicioso y sin abandonarlo.

A Google le gusta el contenido que sea fresco, cuanto más se actualice el blog más lo tendrá en cuenta porque confirmará de que se va en serio y se podrán indexar más páginas para ofrecerlas en retorno con resultados de búsqueda.

Igual sucede con todas las personas que se quieren tener como fieles que terminen siendo lectores asiduos. Ellos quieren contenido útil y de calidad, pero la competencia es dura, entre más se escriba más oportunidad hay de convencer a la gente de lo que se ofrece y valdrá la pena recibir más tráfico.

Sería ideal escribir a diario, pero esto no es fácil, cuesta hacerlo todos los días.

Como todo, no existe una fórmula mágica y al final todo es cuestión de trabajo y constancia, es el único camino.

Toma en cuenta estos consejos:

Hay que cumplir el ritmo que se paute

Tenemos la consciencia plena de que lo ideal sería escribir a diario, pero de momento se ha optado por ponerse a prueba y tomarle el ritmo, poco a poco hasta lograr un ajuste.

Se debería tener una frecuencia de publicación marcada, ceñirse a ella. Por ahora se puede empezar escribiendo tres días a la semana, por ejemplo publicar lunes, miércoles y viernes.

Es de gran ayuda sentar las bases de las publicaciones con un cronograma. De este modo el lector se acostumbra a que hay nuevo post cada ciertos días. Es por eso que la gran recomendación es cumplir a como dé lugar con el tiempo que se acostumbre a la audiencia a publicarle.

No se trata de convertir el blog en una obligación que termine en un tormento, se debe ver como la gran oportunidad para lograr objetivos que se han propuesto cuando se creó.

Si se creó este blog es porque tiene un objetivo para cumplir y porque así ha sido el deseo de quien lo hizo, pero para poder llegar a esa meta requiere de un poco de esfuerzo del dueño.

Si no se cumple una vez, habrá una segunda. Es fácil que si se falla una vez se vuelva a fallar en otro momento, en muchas ocasiones suceden muchas cosas en la vida. Una vez que no se cumple con algo, ya se tiene la excusa perfecta para dejar que vuelva a pasar. Hay que marcarse un ritmo, comprometerse antes que con el usuario consigo mismo, aunque el usuario es oro para cada bloguero.

Mientras se ciña al plan todo va a ir mejor, escribir con frecuencia va a ayudar a que se genere más tráfico, claro, si se hace cumpliendo con el SEO correctamente.

Pero tomar el hábito de escribir tres veces por semana para empezar ayuda a que se tome el hábito de hacerlo y ya luego fluirá más fácil.

Producir contenido de calidad que apunte a palabras clave de alta conversión

Esta es una inquietud que surge muchas veces, el convertir contenido de calidad con palabras clave que logren mucha conversión y que esté muy bien posicionada. Un contenido con estas características tendría que tener lo siguiente:

Una idea clara

Se deben definir los objetivos que se quieren conseguir con el contenido y saber a qué público se quiere dirigir. Allí se define el contenido esencial que será el que cubra la necesidad de un determinado nicho.

Búsqueda de palabras clave

Es interesante hacer una búsqueda de palabras clave, las que más se insertan en internet de acuerdo a las búsquedas que se pueden conseguir con herramientas como Adwords. Con esto se acerca a aquello que se quiere, relacionado con la temática que se va a tratar, además de mejorar el posicionamiento.

La importancia del título

Es lo primero que se ve al hacer una búsqueda y si llama la atención seguramente los lectores entrarán.

Los textos tienen que tener una buena redacción y una estructura llena de claridad, organizar párrafos sirve para dividir las ideas y ordenar en forma de pirámide invertida. Esto quiere decir que se comience por lo más importante y se termina por lo menos relevante.

Apenas se empiece a leer se tienen que responder las preguntas qué, cómo, cuándo, dónde y por qué. Luego se desarrollan las ideas iniciales.

Legibilidad en el texto

Los tamaños, las tipografías, el tono, los colores, todo esto es elemental para la legibilidad del texto para lograr en el usuario una experiencia y que se sienta cómodo leyendo el post.

Hay que mantener la manera de redactar, que el blog o la web tenga un sentido general, si no existe un orden en los temas tratados, es posible que el usuario se pierda y no regrese, es importante que se defina una línea y una estrategia en cuanto a los contenidos.

Si se produce un contenido de calidad, seguramente otras webs incluyan el enlace, el llamado link building, esto se traduce en más tráfico para ambas webs, y mejor posicionamiento en el buscador.

Es un recurso que cobra cada vez más importancia a la hora de posicionar los contenidos y ponerse delante o atrás.

Monitorear el posicionamiento de tus palabras clave y backlinks

Algo que hay que hacer es monitorear el posicionamiento de las palabras claves y backlinks. Dentro de las estrategias de posicionamiento SEO, el optimizar las palabras clave es una tarea central. Estos deben reflejar la intención que tienen los usuarios cuando hacen la búsqueda. Por lo tanto tienen que responder a los términos usados por ellos cuando se investigan los servicios y productos.

La selección e integración de palabras clave en los contenidos debe ser parte de una estrategia que debe revisarse constantemente y actualizarlas cuando es debido.

Hay diversas campañas, festividades, ofertas, épocas y eventos del año, esto produce cambios en las palabras usadas por los usuarios. A esto se suman las tendencias y la evolución de las tecnologías, las que se introducen constantemente en nuevos términos y reemplaza conceptos.

Un ejemplo: antes de que las redes sociales fueran masivas, las palabras "like", "me gusta" "perfil" y otras, eran usadas muy poco por los usuarios y tenían otro significado distinto al actual.

Las festividades y épocas del año producen otros tipos de cambios, en diciembre se usan palabras como "navidad", "regalos", "Santa".

Por ello es que es necesario constantemente hacer revisiones de estrategias de posicionamiento y hacer optimización periódica.

Realiza auditorías de contenido

Cuando se plantea el cómo lograr los objetivos se tiene que tener en cuenta el hacer auditorias de contenido con frecuencia. Hay que revisar la estrategia de marketing y se deben crear contenidos nuevos, ebooks, infografías, etc.

Frecuentemente se publican contenidos que pueden ser increíbles, pero nunca más se toman en cuenta. No se revisa el contenido generado ni sus impactos.

Según un estudio reciente, el 37% de los profesionales no llegan a hacer nunca una auditoria de contenido.

Lo que estos profesionales desconocen es que la auditoria les ofrece la posibilidad de mejorar la eficacia de la estrategia de marketing de contenidos que desea implementar.

¿La razón?

Una auditoría de contenido implica revisar, analizar y evaluar todo el contenido existente. Ayuda a que se revelen las fortalezas y debilidades para asegurarse de que la estrategia está en línea con los objetivos y las acciones de marketing de la empresa.

Una buena auditoria la puedes hacer siguiendo estos pasos:

Definir las metas y métricas

Una auditoria de contenido es un proceso arduo que consume mucho tiempo, por lo tanto es clave que se empiece con objetivos claros y definidos para lograr un resultado exitoso.

Hay que hacerse esta serie de preguntas antes de empezar con esta auditoria:

¿Qué beneficios se quieren obtener con una auditoria de contenido?

¿Qué resultados se esperan?

Pues la idea es que se verifique lo que está dando y no está dando resultado en el sitio web.

Es lograr mejorar los resultados SEO, implementar estrategias más acordes con el sitio web para aumentar el tráfico.

Se debe también aumentar el compromiso de la audiencia, que los seguidores comiencen a tener más deseos de leer el contenido.

Finalmente se tiene que mejorar la tasa de conversión.

Se debe realizar un control de contenido, recopilar las URLs y los datos necesarios para realizar la auditoria de contenido, es importante que se decida qué se quiere revisar y hacerlo.

Clasificar el contenido

El otro paso es que se clasifique el contenido. Hay que recopilar las URLs necesarias para realizar la auditoria, es hora de clasificarlas mediante una herramienta online o una hoja de Excel.

Recopilar y analizar los datos

La recolección de los datos son necesarios para hacer una auditoria de contenido, este es un proceso largo y complejo.

En circunstancias normales se deberían recopilar los datos de manera manual, además de tener que seleccionarlos con multitud de fuentes para poder incorporarlos a la hoja de Excel antes comentada.

6

HERRAMIENTAS SEO GRATUITAS

*G*oogle Analytics

Google Analytics se usa para monitorear el estado de un sitio web, se trata básicamente de un servicio de análisis web con el que se pueden obtener diferentes tipos de información de un site. Como su número de visitantes o la tasa de conversiones, todos ellos en tiempo real.

Con esta información es posible tomar las mejores decisiones sobre los aspectos que se deben cambiar o mejorar, y las cosas nuevas a implementar para el logro de los objetivos del sitio.

Google Search Console

El Google Search Console es una herramienta

gratuita de análisis y servicio de Google. Utiliza la Consola de Búsqueda de Google, se pueden hacer muchas configuraciones para sitios webs o aplicaciones, se pueden ver estadísticas y se pueden implementar acciones de optimización. Además advierte la presencia de backlinks no naturales o malware instalados en la web.

Los datos de Google Search Console no son públicos totalmente, las métricas de la Consola de Búsqueda de Google se pueden enlazar con Google Analytics para mejorar los datos.

Google Keyword Planner

El Google Keyword Planner es una herramienta que sirve para planificar las palabras clave de Google. Es herramienta básica para cualquier dueño de sitio web que quiera mejorar el SEO, potenciar su página y lograr grandes objetivos.

Cuando se es dueño de un sitio web, hay que desarrollar estrategias para conseguir visibilidad, es de los primeros pasos que se hacen, para ellos esta herramienta es una de las esenciales.

Sea cual sea la técnica que se quiera aplicar, esta herramienta se tiene que usar, así se conocerán las palabras clave que ayudarán a conseguir que el nicho consiga el sitio.

De los grandes retos que tienen los dueños de páginas web, está el elegir palabras clave asociadas a la personalidad del sitio y del nicho que se espera llegue a él. Esta herramienta puede lograr que se consigan las palabras clave ideales y logre crear un sitio con mucho éxito.

Google Trends

Google Trends es una herramienta de uso gratuito de Google que muestra las tendencias de búsquedas para diversas palabras clave.

Con Google Trends se puede conocer la popularidad de las palabras y compararlas con otras para ver cuál en la que más interesa impulsar el sitio web.

Incluye además una sección donde se muestra la tendencia en función del país y los sectores autónomos, así como temas relacionados con la palabra clave que se ha incluido en el buscador.

Sus gráficos se muestran así: en el eje X se ve el tiempo, los meses y años y en el eje Y el interés o popularidad de la palabra clave del 0 al 100, 100 es el nivel más alto.

Hay que destacar que si la palabra tiene pocas búsquedas Google Trends no mostrará resultados y aparecerá el siguiente mensaje: "Tu búsqueda no tiene suficientes datos para mostrar resultados". Para estos casos lo mejor es usar herramientas que no sean de Google como SEMrush o Ahrefs

Google Page Speed Insights

Google Page Speed Insights es una herramienta de Google para analizar y evaluar la velocidad en la que cargan los sitios web, lo más interesante es que suministra una serie de útiles sugerencias y herramientas para mejorar la velocidad de carga.

Sirve para evaluar la carga de la página web así como la implementación, con Page Insights, donde se ve la carga de imágenes, archivos JavaScript, CSS, entre otros.

A grandes rasgos y sin entrar en detalles se pueden resumir los objetivos de esta herramienta:

- Minimizar el número de peticiones HTTP que se producen.
- Reducir el tamaño de las respuestas de las peticiones HTTP.

- Optimizar el renderizado de la página en el navegador.

Page speed analiza la web y le asigna una puntuación o score sobre 100 que evalúa cuánto más rápida podría ser la carga de esta web.

Un score alto cercano al 100 indica que hay poco por mejorar, ya la página carga lo más rápido que puede hacerlo.

Mientras un score bajo indica que hay muchas mejoras que se pueden hacer. Es importante notar que esta puntuación o score es relativa a la página sobre la que se está, es decir no viene en función del tiempo que tarda en cargar la página sino en función de cuántas de las buenas prácticas antes comentadas se han seguido e implementado.

Se puede resumir que utilizar esta herramienta colocándola la URL en el link de la plataforma y así se evalúa.

SEMrush

SEMrush es un programa para profesionales del SEO/SEM que les permite analizar y comparar los datos que tiene con sus competidores. Hace búsquedas de dominios que devolverán información sobre el posicionamiento orgánico y el gasto en publicidad. Además, también se pueden hacer búsquedas de palabras clave específicas que darán información acerca del CPC, el número de resultados, las tendencias el volumen, entre otros.

Screaming Frog

Screraming Frog es una herramienta que permite rastrear todo un sitio web que actúa como una SEO Spider para conseguir un reporte de los enlaces, las imágenes, los códigos CSS, HTML, PHP o Java-Script, además de información útil para realizar una auditoria SEO.

En cierto sentido lo que hace Screaming es comportarse como una araña de Google y muestra reportes que dichas arañas ven cuándo revisan la web.

Copyscape

Copyscape proporciona la solución de detección de plagio online más potente y popular del mundo. Los productos que tiene esta plataforma son de la confianza de millones de propietarios de sitios web para comprobar su originalidad por este contenido novedoso. Se evita el contenido duplicado y la búsqueda de copias de contenido existente online.

Esta es una herramienta que ofrece un corrector de plagio libre para conseguir copias de las páginas web online así como soluciones potentes profesionales para prevenir el robo y fraude de contenido.

Yoast SEO

El Yoast SEO es un plugin y sirve para poner perfecto el sitio web, tiene todo lo necesario para lograrlo y así mejorar su presencia en los motores de búsqueda. La manera para conseguir tener un sitio en las primeras posiciones de Google y otros medios de búsqueda, exige el uso de esta herramienta que optimiza todo el contenido.

Además de potenciar la publicación de este sitio en los buscadores, el Yoast SEO sirve para dar un mejor posicionamiento en las redes sociales, y para mejorar la redacción en internet.

Aprovechar lo mejor de las herramientas SEO no es una tarea simple, al contrario necesita de muchas horas de trabajo y estrategias de acuerdo a los objetivos que se tengan. Se debe tener conocimiento para lograr llegar a los primeros lugares en los motores de búsqueda.

A estas alturas sabes lo importante que es el SEO,

entonces no es difícil comprender el motivo por el cual el Yoast SEO es tan importante.

Esta es una herramienta que funciona en WordPress y permite que se haga un control de la calificación SEO de los textos que se han publicado, el control es realmente simple de hacer, es ver que todos los elementos estén en verde, es lo que llaman el semáforo en verde.

Esta herramienta tiene un gran beneficio y es que se pueden crear los títulos y la descripción que aparece en los resultados de los buscadores, así es posible componer una portada, las secciones y los otros componentes de la página web de modo que el título se vea mucho más atractivo.

Además de permitir poner el título y una descripción más efectiva. Yoast SEO también permite que se escriba un título para mostrar de manera específica en redes sociales como Twitter y Facebook, esta es una acción que le da posibilidad a la gente para compartir el contenido con el que sienta afinidad.

Yoast SEO puede ser usado con imágenes distintas de las usadas en la entrada, principalmente si se desea mostrar en las redes sociales.

SERProbot

SERProbot era el antiguo SERPLAB, una herramienta online y de uso gratuito, en la que se puede ver día a día en qué posición se encuentra la página web para la búsqueda de una palabra clave, se puede ver cómo varía de posición con el paso del tiempo, por medio de una gráfica de evolución, de acuerdo a las métricas que ha tenido.

CONCLUSIÓN

En un estudio que se hizo, afirmó que los sitios web que aparecen en la primera página de resultados en el buscador de Google reciben el 91.5% de visitas, los que aparecen en el segundo lugar reciben un 4.8%, para la tercera un 1.1% de y de la cuarta a la décima reciben un 1.2% de visitas.

Con esto, solo fijándose en la primera página el resultado genera 18 veces más clics que el décimo según este estudio que realizó Slingshot SEO.

Más del 80% de los usuarios usan los buscadores para conseguir productos e información que desean.

El gran motor de búsqueda es Google y atiende a más de mil millones de consultas diarias.

Según el último informe realizado, más del 74% de los usuarios usan motores de búsqueda antes de comprar y el porcentaje de consulta aumenta día a día.

Entonces, si se tiene un sitio web y se quieren recibir visitas más allá de los amigos y conocidos hay que trabajar para lograr un buen SEO.

Con todo lo que hemos dicho en este trabajo, ya se sabe grosso modo el significa de SEO y los factores que inciden en el posicionamiento web.

Debe tener popularidad o autoridad, que se basa sencillamente en la experiencia del usuario, cuanto más se comparte el contenido más enlaces entrantes tiene el sitio web y será más tomado en cuenta.

La relevancia es la relación que tiene cierta página con una búsqueda realizada, no solo la cantidad de veces que se busca la palabra, sino también que la página esté optimizada para el buscador, con contenido original y de mucho valor con un tiempo de carga rápido.

Se tiene que estar atento a la presencia online y los resultados que arrojen los buscadores. Analizar los datos y el resultado que arrojan las palabras clave, darle una auditoria y seguimiento del tráfico y los enlaces de cada contenido para que se mantengan frescos y llamativos.

Se tiene que trabajar con el desarrollo web para que la optimización sea siempre un poco mejor. Hay que conseguir enlaces de páginas populares sin basarse en la compra de enlaces.

Finalmente se tiene que evitar el Black Hat SEO es decir no buscar el posicionamiento con técnicas poco éticas. No olvides que el SEO tiene que estar acompañado de una buena estrategia de marketing.